子どもの気持ちを知る絵本②

ボクの冒険のはじまり
―― 家のケンカはかなしいけれど…

＊主人公リク（小学校中学年）が体験している世界や気持ちを知り、
　かかわりのヒントにしていただくための絵本です。

ボクの家族

お父さんとお母さんとボク

そして相棒(あいぼう)のソラ

ボクはソラといろんな話をする

学校のことや

ヒミツの場所のこと

ボクのかなしい気持ちのわけを

ソラは知っている

ボクの小さいときは
家族みんなで遊びに行って
写真をとったのに
今はどこにも行かない
今はみんなが集まると
ヘンなかんじになる

お父さんとお母さんは
ボクのことでケンカをする

お母さんはお父さんの悪口を言う
お父さんはお母さんの悪口を言う
ときどき
ボクにも とばっちり

そんな時
ボクはその場からはなれたくなって
ソラをつれて外に行く

ケンカが終わったころに家に帰ると
家の中はシーンとしていて
ボクは胸(むね)がドキドキする
ボクはどうすればいいんだろう・・・

お父さんはときどきお母さんをたたく

お母さんはときどきボクをたたく

そして　ボクにこうたずねる

「お父さんとお母さん　どっちが好き？」

そんな質問（しつもん）　どうしてするのかな

こわくて答えられないよ

ボクは昔みたいに

みんながわらっている

家族の写真がほしいのに・・・

ボクはざんねんなことにまだ子どもで

何もできない

ボクはいないほうがいいのかな・・・

いつだったか
学校で先生が　ボクの顔が
赤くはれていることに気がついて　たずねてきた

「公園でサッカーをしていてころんだんだ」って
ボクは言ったんだ
先生がそれ以上たずねてこなかったので
ホッとした
だって「お母さんにたたかれた」って答えたら
お母さんが　先生に怒られるかもしれないから

でもボクは　もういちどたずねられたら
どうしたらいいかわからなくて
にげ出すところだったんだ

ボクがもっと良い子で
おもしろいお話ができる子だったら
ケンカを止められるかもしれないのにって
思うんだ
ねぇ　ソラ？
ソラはボクのことスキだよね

ボクは
どうしようもない気持ちをこころにしまって
みんなの前でわらうんだ

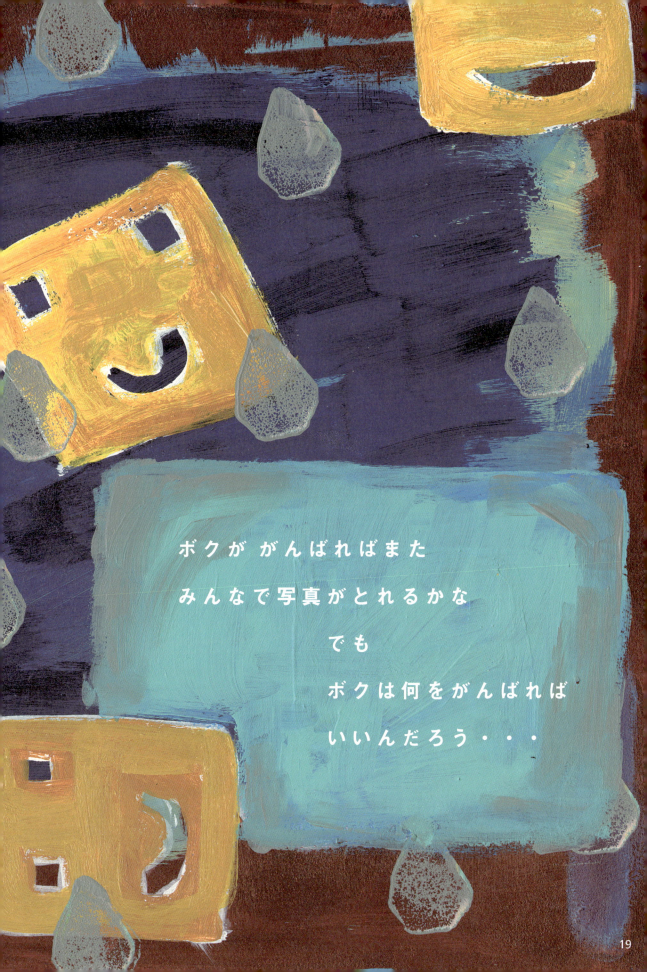

ボクが がんばればまた
みんなで写真がとれるかな
でも
ボクは何をがんばれば
いいんだろう・・・

ある日　学校でお腹が痛くなった
本当は　朝から痛かったんだけど
お母さんが心配するから
言わなかったんだ

どうしてもガマンができなくなって
保健室に行った
これが　はじめての保健室だったんだ

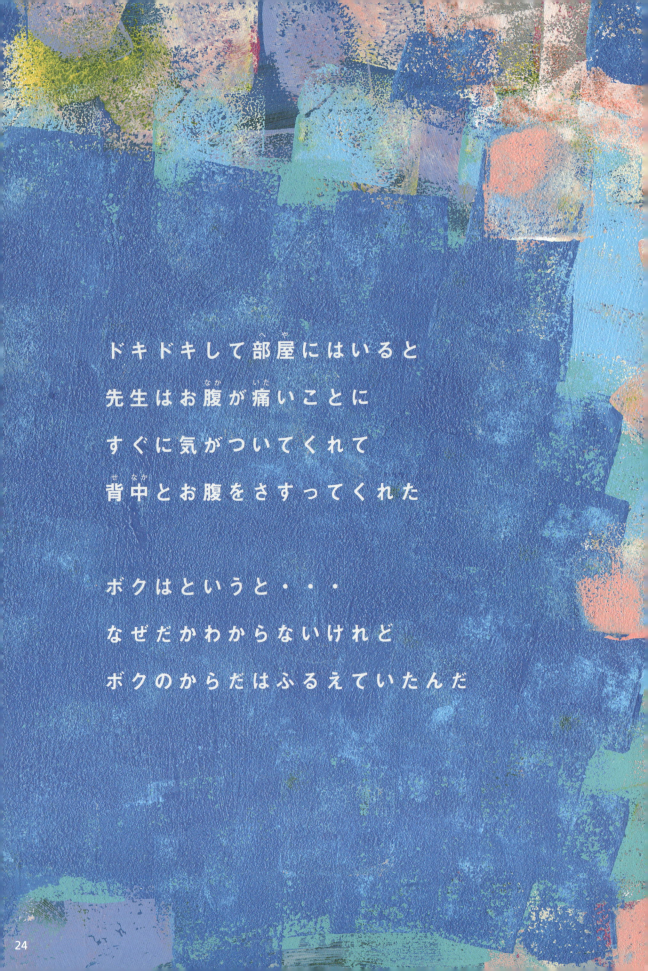

ドキドキして部屋にはいると
先生はお腹が痛いことに
すぐに気がついてくれて
背中とお腹をさすってくれた

ボクはというと・・・
なぜだかわからないけれど
ボクのからだはふるえていたんだ

先生は何もたずねてこなかった
ただ　ボクの頭がペチャンコになるくらい
なでてくれたんだ

「がんばり屋さんのステキな子ね」

泣いてるボクをほめるものだから
ビックリして先生の顔を見つめると
先生はやっぱりやさしい目をしていて
そして　うなずいてくれた

それから
ハチミツ入りのホットミルクを飲んで
ボクはソラの話をした
そしたら　もうお腹が痛くないことに
気がついたんだ

それからのボクは
ときどき保健室へ行く
お腹は痛くないけどね

先生が言うには
ボクは「ボクの好き」を見つける冒険を
はじめる時がきたんだって
そう　ボクは冒険をはじめるんだ

ボクは少しだけ　ボクのヒミツの話をして
先生がそれ以上に聞いてこないことに
ほっとした

だって
家の中で　どうしたらいいのかわからない
かなしい気持ちになっていることを
まだ　だれかに話す準備が
できていなかったから

「いつだって来たい時に来たらいいんだよ」
そう言って
先生はミルクのカップをボクにくれた

お父さんとお母さんがケンカをするのは
ボクが悪い子だからじゃないんだって
ボクが良い子にしていても
お父さんとお母さんはケンカをする
つまり　ボクのせいじゃなかったんだ

ボクは少し考えた
残念(ざんねん)だけれど　今すぐは
みんながわらっている写真はできあがらない
でも　写真は今度の今度でいいのかもって
ハチミツ入りのホットミルクは
ボクに少し勇気(ゆうき)をくれた
ボクがボクでいるための勇気をね

どうしようもない　かなしい気持ちが
ほんの少し　小さくなったような気がしたんだ

リクくんへ

この本を手にとってくれてありがとう。
わたしは、子どものころ、自分のかなしいきもちや、
いやなこと、こまっていることを、知りませんでした。
大人になって仕事(しごと)をしていろんなところへ行き、
安心できる大人のひとや、場所があることを知りました。
かなしいきもちの子どもが、世界中にたくさんいることを
知りました。
ひとりじゃないこと、ケンカやぼうりょくは子どものせい
じゃないことを伝(つた)えたくて、この本をつくりました。
「自分の好(す)き」を大事にして、
毎日をすごしてほしいと思っています。

　　　　　　　　　　　　　　　　　　ちあき

リクの物語について──子どもにかかわる大人の方へ

　安心できない家庭で育つ主人公リクの気持ちを知り、子どもへのかかわりのヒントにしていただくための絵本です。保健室の先生の対応を、大人のひとつのモデルとして描きました。
　リクは小学校中学年の設定です。子どもの年齢、個性、家庭の状況にあわせて、取り入れやすいことから活用ください。
　子どもといっしょに読む場合、子どもに読んでほしいと思った場合は、子どものペースやタイミングを大切にします。気がのらないようすのときには、無理にすすめないようにします。

■どんな気持ちも大切な気持ち

　お話を通して、リクのいろいろな気持ちや、一日一日をのりきる工夫が描かれています。
　家の中でかなしい気持ちになったり、家族に心配をかけないように勉強やお手伝いをがんばったり、まわりの人に気持ちを知られないように笑顔でいたり。相棒のソラと2人になれる時間と空間を見つけて、気持ちのリセットをしたり。
　絵本のシーンでは描かれませんが、リクは学校では、家のことを忘れて友達と遊んでいます。大好きな図鑑や地球儀をながめながら、空想の世界を楽しむこともあります。大人びたところも、子どもらしい一面も、いろんな表情をもっています。
　子どもが感じる気持ちは、どれも大切な気持ちです。
　不安や混乱、怒り、はずかしい気持ちやイヤな気持ち、なんだかよくわからない気持ち…。子どもは暴力をふるう親を守ろうとすることもあります。そのようなふくざつな気持ちもふくめて、どんな気持ちもみとめます。

■子どものせいではないことを伝えます

　たとえば成績や進路のこと、ならい事、自分の言ってしまったこと…なにか自分のことで親がケンカしているのは、子どもにとって、とてもつらいことです。リクの家では、ケンカが起きていないときも、いつもピリピリと緊張感がはりつめています。その日の学校の話をしようと思ってもできません。自分の言ったことが両親をおこらせる結果になるかもしれない、いつまたケンカがはじまるんだろう…とビクビクしながら過ごしています。

　家の中のいろいろな事情を、子どもは自分に結びつけて考えやすい特徴があります。ここでは、家庭内不和がテーマですが、家族の心身の不調、不安なできごとなどにもあてはまります。リクは、両親の不仲に対して、「自分が悪い子だから？」「もっと自分が○○しなきゃ」といつも感じています。大人の事情は、子どものせいではないことを、ことばにしてしっかり伝えます。

■うちあけるペースを大切に

　家族からの暴力があるときなど、子どもはそのことを、なかなか人に話さないと言われています。話をするとしても、あいまいなことを言ったり、言ったことをあとから否定したり、また肯定したりすることもあります。

＊14ページで、担任の先生からたずねられるシーンは、この物語のなかでリクがいちばん'ピンチ'と感じているシーンです。大切な話をするには'心の準備'が必要な場合があります。

　保健室の先生は、リクが話すことを無理強いしません。目の前にいる子どもは、今日は話をしないかもしれません。それでも「あなたは大切な人、あなたのことを心配している人がいるよ」というあたたかい雰囲気で接します。28ページで先生が準備したホットミルクは、ひとつの象徴的なアイテムです。先生は自分のペースを大切にしてくれて、いつでも話を聞いてくれる人だとリクは感じて、安心します。そして、少しずつ話をするようになります。

■「よく話してくれたね」のひとことを

リクにとって、家の中のことを人に相談するのは、とても勇気がいることです。

子どもが相談してくれたら、さいしょに「よく話してくれたね」「話してくれてありがとう」とその勇気をねぎらってください。家庭内の問題や暴力だけでなく、自分の正直な気持ちや、何か言いだしにくいことにもあてはまります。子どもが「話しても大丈夫なんだ」と思えるように、どんな話題が出てきても、ショックやイヤな気持ち、怒りを表情に出さないようにします。

■子どもと作戦会議を

子どもが話してくれたことが、自分一人で対応できないような問題の場合は、信頼している別の大人に相談することを、子どもへ正直に提案します。子どもの心身に危険があるときなど、「ここだけの話にして誰にも話さない」という約束は守れないことがあります。できない約束はしないようにします。

大人がまわりに相談する姿を子どもが見ることで、「こまったら相談する」ことを、子どもが学ぶ機会にもなります。大人も自分たちのこころやからだをケアすることを大切にし、一人だけで問題をかかえこまないようにします。

話すとどうなることを子どもが心配しているかを確認します。なるべく安心できるように、誰にどう伝えるか、その先がどうなるかの見通しを伝えます。子どもの心配に対してできることを話しあい、いっしょに作戦を立てられるとよいと思います。こまったとき、緊急のときの連絡先を話しあっておくことも子どもの安心につながります（46ページの『こまったときカード』もご活用ください）。

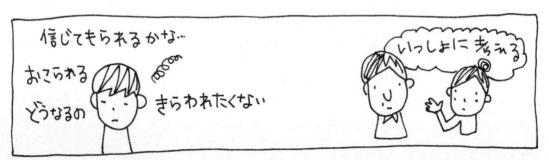

■家族の「工夫」や「できているところ」に目を向けます

　絵本では、リクの家族（両親）の背景についてはふれませんが、家族は、家族なりの方法で、家庭の中のたいへんな状況に対応してきています。まわりの人は、家族を一方的にせめずに、工夫やできているところにも目をむけるようにします。そのことが子どもの応援にもつながります。

　　●家族の方へ──相談先（46ページ）
　　　ひとりでどうにもならないときには、だれかに話をすることで、気持ちが少し楽になったり、こまっていることを減らすための手がかりが見つかるかもしれません。

　　＊暴力をうけて１人でなやんでいる大人の方へ。暴力をうけているあなたが悪いのではありません。相談できる場所があります。
　　＊子どもやパートナーへの暴力が止められない大人の方へ。相談できる場所があります。

■子どもたちの力を信じて

　いちばん大切なことです。どんなにたいへんな状況にあっても、その子どもがもつ乗りこえる力、生きぬく力を信じます。子ども自身も「ボクは大丈夫」と思えるように。そして、子どものさまざまな工夫やがんばりは、かならず、その後の人生を歩んでいく力につながります。
　保健室の先生のかかわりと、ハチミツ入りのホットミルクは、リクに少し勇気をくれました。リクはかわいそうな子どもじゃない。リクの冒険ははじまったばかりです。その人生は未来へとつづきます。

相談先

●子どものための電話
『チャイルドライン』（18才以下の子ども専用）
0120-99-7777　毎日　午後4時～午後9時

＊12月29日～1月3日はお休みです。一部の都道府県では時間を延長して受けています。
　こまっているとき、なやんでいるとき、うれしいとき、なんとなく誰かと話したいとき、かけてみてください。携帯電話や公衆電話からも電話代はかかりません（公衆電話からかけるときは、最初に硬貨を入れて下さい。通話が終わると硬貨は戻ってきます）。
　チャイルドラインはみんなに4つのことを約束します。1、ヒミツはまもるよ／2、どんなことも、いっしょに考える／3、名前は言わなくてもいい／4、切りたいときには、切っていい

●子どもと大人のための電話
『児童相談所　全国共通ダイヤル』189（いちはやく）（お近くの児童相談所へつながります）
　24時間365日

＊児童相談所は子どもの問題を解決するための窓口です。育児の悩み、虐待の相談もできます。

●パートナー間の暴力にかんする相談先案内
『DV相談ナビ』（お住まいの地域の相談先を案内します）
0570-0-55210　24時間対応

＊DV相談は、配偶者やパートナーからの暴力被害（身体的、心理的、性的、経済的暴力等）に関する相談です。

●子どもに関する相談先
・学校の相談室、スクールカウンセラー　・教育相談室
・児童家庭支援センター　・児童相談所　・精神保健福祉センター
・保健所　・医療機関　ほか

2019年8月現在の情報です

こまったときカード
こまった時、きんきゅうの時の連絡先や行き先を書いておくカードです。

こまったときカード

こまったとき・きんきゅうのときの電話

名前や場所＿＿＿＿＿　番号＿＿＿＿＿

名前や場所＿＿＿＿＿　番号＿＿＿＿＿

さいしょに言うこと「こまっています」「たすけてください」

こまったとき・きんきゅうのときに行く場所
＿＿＿＿＿＿＿＿＿＿＿＿＿＿＿＿＿＿

・子どもと大人でいっしょに作ったり、大人がつくって子どもにわたしておきます。

・電話でさいしょにいうコトバをれんしゅうしたり、行き先までいっしょに行き道順（みちじゅん）をおぼえておくと良いです。

・コピーして切り取って使います。プルスアルハのHPから、カラーのものがダウンロードできます。

『ボクの冒険のはじまり──家のケンカはかなしいけれど…』刊行にあたって

　この絵本の構想は、2011年、プルスアルハの2人が、さいたま市こころの健康センターに勤務していた時に生まれました。安心できない家庭の中で育つ子どもたちを応援するためのグループワークで使用するために、手づくりの温かい素材をイメージし、紙芝居を作りました。

　2012年には、同センターで紙芝居を絵本にしました。子どもだけでなく、大人が子どもの気持ちを体感し、かかわりへ生かすための素材として、さいたま市内の関係機関に設置しました。作成に携わらせていただいたことが、今の活動につながっています。さいたま市こころの健康センター並びに児童相談所で関わっていただいたみなさま、ありがとうございました。

　プルスアルハの原点でもある「ボクの冒険のはじまり」は、今回「子どもの気持ちを知る絵本」シリーズの第2作として、新たな作品に生まれ変わりました。話の流れはそのままに、絵はすべてを描きかえ、主人公リクの想いを、絵本の画面の中でダイナミックに色彩豊かに表現しました。テーマカラーの青は空の色。リクは家の中では、ちっぽけな自分を感じて、かなしい気持ちでいるけれど…外には広い世界があります。未来へとつながる世界です。

　多くの大人の方に読んでいただけたらと思います。そして、子どもの身近な大人から、全国でがんばっているリクへとメッセージが届いたら幸いです。

2015年3月　プルスアルハ

プルスアルハ pulusualuha+

精神科の看護師と医師を中心に、心理教育ツールの作成と普及を行うプロジェクトチーム。これまでの著書に「家族のこころの病気を子どもに伝える絵本」①うつ病編、②③統合失調症編、④アルコール依存症編、「子どもの気持ちを知る絵本」(①不登校編、②家庭内不和編、③発達凸凹編（ゆまに書房）。2015年6月にはNPO法人ぷるすあるはを設立。精神障がいや発達障がいを抱えた親とその子どものための情報＆応援サイト「子ども情報ステーション　kidsinfost.net」を運営するほか、さまざまな情報発信を行っている。立場や職種をこえて子どもの力を信じ応援する仲間〜キッズパワーサポーターを募集中。近刊に『生きる冒険地図』（2019、学苑社）。

子ども情報ステーション
kidsinfost.net

細尾ちあき（ほそお・ちあき）
看護師　KIDsPOWER Supporter
1974年兵庫県生まれ
精神科病院、精神科診療所を経て、
2008年7月-2012年3月、
さいたま市こころの健康センターに勤務．
2012年4月-プルスアルハ

北野陽子（きたの・ようこ）
医師　精神保健指定医　KIDsPOWER Supporter
1976年長崎県生まれ
総合病院、小児病院、精神科病院を経て、
2009年4月-2012年3月、
さいたま市こころの健康センターに勤務．
2012年4月-プルスアルハ

子どもの気持ちを知る絵本②
ボクの冒険のはじまり
──家のケンカはかなしいけれど…

2015年3月31日　第1版第1刷発行
2023年4月31日　第1版第3刷発行

著者　　プルスアルハ
装丁　　大村麻紀子
発行者　鈴木一行
発行所　株式会社ゆまに書房
　　　　〒101-0047　東京都千代田区内神田2-7-6
　　　　tel. 03-5296-0491
　　　　fax. 03-5296-0493
　　　　http://www.yumani.co.jp

印刷・製本　株式会社シナノ

© さいたま市
© pulusualuha　2023　Printed in Japan
ISBN978-4-8433-4602-0 C0311

落丁・乱丁本はお取り替えいたします。
定価はカバー・帯に表記してあります。
本書のコピー、スキャン、デジタル化などの無断複製を禁じます。